新纂香谱

（宋）陈敬·撰

中华书局

· 一 · 壶 · 天 · 地 ·

　　道家传说壶中别有天地，因常以"一壶"喻宇宙或仙境。唐以后也用壶中天地代称小园林，寓指园林虽小却无所不有。无论是园林还是居室陈设、主人把玩清赏之物，都可小中见大，自显乾坤。

　　造个环境清幽安静的园子，有琪花瑶草可畅神怡情，有红袖可添香，有古物书画可鉴赏……在诗意中消遣生活，这大概是历来文人雅士们最为向往的吧。

　　"上士爱清辉，开门向翠微。抱琴看鹤去，枕石待云归"是文人雅士钟爱的生活环境，承载着他们的审美情趣。明代计成就是一位能将这种理想完美呈现的造园大师，他所撰写的《园冶》是中国历史上第一部全面系统总结和阐释造园法则与技艺的著作。从选址、规划与设计建筑物、叠山理水、铺装地面、选择石材和借景等方面对中国古代造园的各环节作了深入具体的总结和阐述。书中提出的"虽由人作，宛自天开""巧于因借，精在体宜"的观点，深得中国古代造园理论之精髓。

　　与《园冶》合称中国古代园林著作双璧的《长物志》是晚明文震亨所撰。《长物志》中直接有关园艺的有室庐、花木、水石等五志，另外有书画、器具、香茗等七志，也是园林生活、园林环境的一部分，折射着文震亨雅、古、隐的审美追求。

香令人幽，诗意生活岂可无香？从屈子的"畦留夷与揭车兮，杂杜衡与芳芷"，到"月色灯光满帝都，香车宝辇隘通衢"，用香早已渗透在国人社会生活的方方面面，甚至成为生活美学的一个门类，美化着人们的生活。宋陈敬撰《新纂香谱》，记载了香品产地、宋代及以前社会用香概况、香药与熏香料配方、香料的收藏方法，并收录了与香有关的文人创作。

金石鼎彝令人古，诗意生活怎可缺少清供雅玩？明代曹昭撰《格古要论》是中国现存最早的文物鉴定专著，描述古物特征，品评优劣，鉴别真伪，完备的体系，丰富的门类，让您一窥文物鉴赏之门径。

以上诸书内容，大多无关生活实用，只是文人雅士诗意生活取向的表达。希望在品读中能让您从尘世俗网中超拔出来，开辟一块心灵的净地，若能日涉成趣，自有清气存焉。

中华书局编辑部

2020 年 11 月

目 录

原序 ｜ 一

卷一

香品 ｜ 八

  龙脑香 ｜ 八

  婆律香 ｜ 一二

  沉水香 ｜ 一二

  生沉香 ｜ 一六

  蕃香 ｜ 一七

  青桂香 ｜ 一七

  栈香 ｜ 一八

  黄熟香 ｜ 一九

  叶子香 ｜ 二〇

鸡骨香 ｜ 二〇

水盘香 ｜ 二一

白眼香 ｜ 二一

檀香 ｜ 二二

木香 ｜ 二四

降真香 ｜ 二五

生熟速香 ｜ 二六

暂香 ｜ 二七

鹧鸪斑香 ｜ 二八

乌里香 ｜ 二八

生香 ｜ 二九

交趾香 ｜ 二九

乳香 ｜ 三〇

熏陆香 ｜ 三三

安息香 ｜ 三四

笃耨香 ｜ 三六

瓢香 ｜ 三七

金颜香 ｜ 三七

詹糖香 ｜ 三八

苏合香 ｜ 三九

亚湿香 ｜ 四一

涂肌　拂手香 ｜ 四一

鸡舌香 ｜ 四二

丁香 ｜ 四三

郁金香 ｜ 四五

迷迭香 ｜ 四六

木密香 ｜ 四六

藕车香 ｜ 四七

必栗香 ｜ 四七

艾蒳香 ｜ 四八

兜娄香 ｜ 四九

白茅香 ｜ 四九

茅香花 ｜ 五〇

兜纳香 ｜ 五〇

耕香 ｜ 五一

雀头香 ｜ 五一

芸香 ｜ 五二

零陵香 ｜ 五三

都梁香 ｜ 五四

白胶香 ｜ 五五

芳草 ｜ 五六

龙涎香 ｜ 五七

甲香 ｜ 五八

麝香 ｜ 五九

麝香木 ｜ 六一　　　珠子散香 ｜ 七五

麝香草 ｜ 六二　　　熏华香 ｜ 七六

麝香檀 ｜ 六二　　　榄子香 ｜ 七六

栀子香 ｜ 六三　　　南方花 ｜ 七七

野悉密香 ｜ 六四　　花熏香诀 ｜ 七九

蔷薇水 ｜ 六五　　　香草名释 ｜ 八〇

甘松香 ｜ 六六　　香异 ｜ 八五

兰香 ｜ 六六　　　都夷香 ｜ 八五

木犀香 ｜ 六七　　　荼芜香 ｜ 八五

马蹄香 ｜ 六七　　　辟寒香 ｜ 八六

懷香 ｜ 六八　　　月支香 ｜ 八七

蕙香 ｜ 六八　　　振灵香 ｜ 八八

蘼芜香 ｜ 六九　　　神精香 ｜ 八九

荔枝香 ｜ 六九　　　兜末香 ｜ 九〇

木兰香 ｜ 七〇　　　沉榆香 ｜ 九〇

玄台香 ｜ 七一　　　沉光香 ｜ 九一

颤风香 ｜ 七二　　　威香 ｜ 九一

伽阑木 ｜ 七三　　　返魂香 ｜ 九二

排香 ｜ 七三　　　茵墀香 ｜ 九三

大食水 ｜ 七四　　　五香 ｜ 九三

孩儿香 ｜ 七四　　　石叶香 ｜ 九四

紫茸香 ｜ 七五　　　祇精香 ｜ 九四

雄麝香 | 九五

蘅芜香 | 九五

文石香 | 九六

百和香 | 九六

金碑香 | 九七

百濯香 | 九七

芸辉香 | 九八

凤脑香 | 九八

一木五香 | 九九

升霄灵香 | 九九

区拨香 | 一〇〇

兜娄婆香 | 一〇〇

法华诸香 | 一〇一

牛头旃檀香 | 一〇一

怀梦草 | 一〇二

一国香 | 一〇二

羯布罗香 | 一〇三

玉蕤香 | 一〇三

修制诸香 | 一〇四

飞樟脑 | 一〇四

笃耨 | 一〇六

乳香 | 一〇七

麝香 | 一〇八

龙脑 | 一〇八

檀香 | 一〇九

沉香 | 一一一

藿香 | 一一一

茅香 | 一一二

甲香 | 一一二

炼蜜 | 一一五

煅炭 | 一一六

合香 | 一一六

捣香 | 一一七

收香 | 一一七

窨香 | 一一八

焚香 | 一一九

熏香 | 一二〇

卷二

五香夜刻 | 一二三

百刻篆图 | 一二四

定州公库印香 | 一二五

和州公库印香 | 一二六

资善堂印香 | 一二七

丁公美香篆 | 一二八

汉建宁宫中香 | 一二九

唐开元宫中方 | 一三〇

江南李主帐中

香 | 一三一

赵清献公香 | 一三一

后蜀孟主衙香 | 一三二

苏内翰贫衙香 | 一三三

延安郡公蕊香 | 一三四

宣和贵妃黄氏

金香 | 一三五

僧惠深温香 | 一三六

香发木犀油 | 一四二

香饼 | 一四三

香煤 | 一四四

香灰 | 一四五

香品器 | 一四八

香炉 | 一四八

香盛 | 一四九

香盘 | 一四九

香匙 | 一五〇

香箸 | 一五〇

香壶 | 一五〇

香罂 | 一五〇

卷三

凝和诸香 | 一三九

韩魏公浓梅香 | 一三九

洪驹父荔支香 | 一四〇

涂傅诸香 | 一四一

傅身香粉 | 一四一

梅真香 | 一四一

卷四

香药 | 一五三

丁沉煎圆 | 一五三

木香饼子 | 一五四

香茶 | 一五五

经进龙麝香茶 | 一五五

事类 | 一五六

香尉 | 一五六

香户 | 一五六

香市 | 一五七

香洲 | 一五七

香童 | 一五八

栈槎 | 一五八

沉香亭 | 一五九

香阁 | 一六〇

兰亭 | 一六一

兰室 | 一六一

兰台 | 一六二

啖香 | 一六二

分香 | 一六三

熏香 | 一六三

三班吃香 | 一六四

传 序 | 一六五

天香传 | 一六五

和香序 | 一七九

原序

　　香者，五臭之一，而人服媚之。至于为《香谱》，非世宦博物尝杭舶浮海者不能悉也。河南《陈氏香谱》自子中至浩卿再世乃脱稿，凡洪、颜、沈、叶诸谱具在此编，集其大成矣。

　　《诗》《书》言香不过黍稷萧脂，故香之为字从黍作甘。古者从黍稷之外，可焫者萧，可佩者兰，可鬯者郁，名为香草者无几，此时谱可无作。《楚辞》所录，名物渐多，犹未取于遐裔也。汉唐以来，言香者，必取南海之产，故不可无谱。

浩卿过彭蠡以其谱视钓者熊朋来俾为序，钓者惊曰："岂其乏使而及我，子再世成谱亦不易。宜遴序者，岂无蓬莱玉署怀香握兰之仙儒？又岂无乔木故家芝兰芳馥之世卿？岂无岛服夷言夸香诧宝之舶官？又岂无神州赤县进香受爵之少府？岂无宝梵琳房闻思道韵之高人？又岂无瑶英玉蕊、罗襦芗泽之女士？凡知香者，皆使序之。若仆也，灰钉之望既穷，熏习之梦久断，空有庐山一峰以为垆，峰顶片云以为香，子并收入谱矣。"

每忆刘季和香僻，过垆熏身，其主簿张坦以为俗。坦可谓直谅之友，季和能笑领其言，亦庶几善补过者。有士于此如荀令君至人家，坐席三日香。梅学士每晨袖覆垆，撮袖以出，坐定放香，是富贵自好者所为，未闻圣贤为此，惜其不遇张坦也。

按：《礼经》："容臭者童儒所佩，苣兰者妇辈所采，大丈夫则自流芳百世者在。"故魏武犹能禁家内不得熏香，谢玄佩香囊则安石患之。然琴窗书室不得此谱，则无以治垆熏。至于自熏知见抑存乎其人，遂长揖谢客鼓棹去，客追录为香谱序，至治壬戌兰秋彭蠡钓徒熊朋来序。

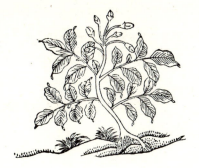

卷
一

《香品举要》云："香最多品类出交广、崖州及海南诸国。"然秦汉以前未闻，惟称兰蕙椒桂而已。至汉武奢广，尚书郎奏事者始有含鸡舌香，其他皆未闻。迨晋武时，外国贡异香始此。及隋，除夜火山烧沉香、甲煎不计数，海南诸品毕至矣。唐明皇君臣多有沉、檀、脑、麝为亭阁，何多也。后周显德间，昆明国又献蔷薇水矣。昔所未有，今皆有焉。

然香者一也，或出于草，或出于木，或花，或实，或节，或叶，或皮，或液，或又假人力而煎和成。有供焚者，有可佩者，又有充入药者。

香品

龙脑香

《唐本草》云："出婆律国，树形似杉木，子似豆蔻，皮有甲错。婆律膏是根下清脂，龙脑是根中干脂，味辛香入口。"段成式云："亦出波斯国，树高八九丈，大可六七围，叶圆而背白，无花实。其树有肥瘦，瘦者出龙脑香，肥者出婆律膏。香在木心中，婆律断其树剪取之，其膏于木端流出。"

《图经》云："南海山中亦有此木。唐天宝中交趾贡龙脑，皆如蝉蚕之形。彼人言有老根节方有之，然极难，禁中呼瑞龙脑。带之衣衿，香闻十余步。"今海南龙脑多用火煏成片，其中容伪。

　　陶隐居云："生西海婆律国，婆律树中脂也，如白胶香状，味苦辛，微温无毒，主内外障眼，去三虫、疗五痔，明目、镇心、秘精。又有苍龙脑，主风疹䵟面，入膏煎良，不可点眼。其明净如雪花者善久，经风日或如麦麸者不佳。宜合黑豆、糯米、相思子，贮之瓷器内则不耗。"

今复有生熟之异。称生龙脑即是所载是也，其绝妙者曰梅花龙脑。有经火飞结成块者谓之熟龙脑，气味差薄，盖益以他物也。

叶庭珪云："渤泥、三佛齐亦有之，乃深山穷谷千年老杉树枝干不损者。若损动则气泄，无脑矣。其土人解为板，板傍裂缝，脑出缝中，劈而取之。大者成片，俗谓之梅花脑。其次谓之速脑。速脑之中又有金脚，其碎者谓之米脑。锯下杉屑与碎脑相杂者，谓之苍脑。取脑已净，其杉板谓之脑本，与锯屑同捣碎，和置瓷盆内，以笠覆之，封其缝，热灰煨煜，其气飞上，凝结而成块，谓之熟脑，可作面花、耳环、佩带等用。"

又有一种如油者，谓之脑油，其气劲于脑，可浸诸香。陈正敏云："龙脑出南天竺，木本，如松，初取犹湿，断为数十块尚有香，日久木干，循理拆之，其香如云母者是也。与中土人取樟脑颇异。"今案：段成式所述与此不同，故两存之。

婆律香

《本草拾遗》云："出婆律国，其树与龙脑同，乃树之清脂也，除恶气，杀虫蛀。详见龙脑香。"

沉水香

《唐本草》云："出天竺、单于二国，与青桂、鸡骨、栈香同是一树。叶似橘，经冬不凋。夏生花，白而圆细。秋结实，如槟榔，其色紫似葚而味辛。疗风水毒肿，去恶气。树皮青色，木似榉柳，重实，黑色，沉水者是。"

今复有生黄而沉水者谓之蜡沉，又有不沉者，谓之生结，即栈香也。《拾遗·解纷》云："其树如椿，常以水试乃知。"

叶庭珪云："沉香所出非一，真腊者为上，占城次之，渤泥最下。真腊之真又分三品：绿洋最佳，三泺次之，勃罗间差弱。而香之大概生结者为上，熟脱者次之；坚黑为上，黄者次之。然诸沉之形多异而名亦不一。有状如犀角者，如燕口者，如附子者，如梭者，是皆因形为名。其坚致而文横者谓之横隔沉。大抵以所产气色为高，而形体非所以定优劣也。"绿洋、三泺、勃罗间皆真腊属国。《谈苑》云："一树出香三等，曰沉、曰栈、曰黄熟。"

《倦游录》云：“沉香木，岭南濒海诸州尤多，大者合抱，山民或以为屋、为桥梁、为饭甑，然有香者百无一二。盖木得水方结，多在折枝枯干中，或为栈、或为黄熟。自枯死者谓之水盘香。高、窦等州产生结香，盖山民见山木曲折斜枝，必以刀斫成坎，经年得雨水渍，遂结香，复锯取之，刮去白木，其香结为斑点，亦名鹧鸪斑，沉之良久。在琼、崖等州，俗谓之角沉，乃生木中取者，宜用熏裹。黄沉，乃枯木中得者，宜入药。黄腊沉尤难得。”按《南史》云：“置水中则沉，故名沉香。浮者，栈香也。”

陈正敏云:"水沉,出南海,凡数重,外为断白,次为栈,中为沉。今岭南岩高峻处亦有之,但不及海南者香气清婉耳。"诸夷以香树为槽而饲鸡犬,故郑文宝诗云:"沉檀香植在天涯,贱等荆衡水面槎。未必为槽饲鸡犬,不如煨烬向高家。"今按:黄腊沉,削之自卷,啮之柔韧者是。余见第四卷《丁晋公天香传》中。

生沉香

一名蓬莱香。叶庭珪云："出海南山西。其初连木，状如粟棘房，土人谓棘香。刀刳去木而出其香，则坚倒而光泽。士大夫目为蓬莱，香气清而长耳。品虽侔于真腊，然地之所产者少，而官于彼者乃得之，商舶罕获焉。故直常倍于真腊所产者云。"

蕃香

一名蕃沉。叶庭珪云：“出渤泥、三佛齐，气矿而烈，价视真腊、绿洋减三分之二，视占城减半矣。治冷气，医家多用之。”

青桂香

《本草拾遗》云：“即沉香同树细枝紧实未烂者。”《谈苑》云：“沉香依木皮而结，谓之青桂。”

栈香

《本草拾遗》云："栈与沉同树，以其肌理有黑脉者为别。"叶庭珪云："栈香乃沉香之次者，出占城国，气味与沉香相类，但带木，颇不坚实，故其品亚于沉而复于熟逊焉。"

黄熟香

亦栈香之类也，但轻虚枯朽不堪者，今和香中皆用之。叶庭珪云："黄熟香、夹栈黄熟香，诸蕃皆出，而真腊为上，黄而熟，故名焉。其皮坚而中腐者，形状如桶，故谓之黄熟桶。其夹栈而通黑者，其气尤朦，故谓之夹栈黄熟。此香虽泉人之所日用，而夹栈居上品。"

叶子香

一名龙鳞香，盖栈之薄者，其香尤胜于栈。《谈苑》云："沉香在土岁久，不待刊剔而精者。"

鸡骨香

《本草拾遗》云："亦栈香中形似鸡骨者。"

水盘香

类黄熟而殊大，多雕刻为香山、佛像，并出舶上。

白眼香

亦黄熟之别名也。其色差白，不入药品，和香或用之。

檀香

《本草拾遗》云："檀香其种有三，曰白、曰紫、曰黄。白檀树出海南，主心腹痛、霍乱、中恶鬼气、杀虫。"

《唐本草》云："味咸，微寒，主恶风毒，出昆仑盘盘之国，主消风肿。又有紫真檀，人磨之以涂风肿，虽不生于中土，而人间遍有之。"

叶庭珪云："檀香出三佛齐国，气清劲而易泄，爇之能夺众香。皮在而色黄者谓之黄檀，皮腐而色紫者谓之紫檀，气味大率相类，而紫者差胜。其轻而脆者谓之沙檀，药中多用之。然香树头长，商人截而短之以便负贩，恐其气泄，以纸封之，欲其滋润故也。"

陈正敏云："亦出南天竺末耶山崖谷间。然其他杂木与檀相类者甚众，殆不可别。但檀木性冷，夏月多大蛇蟠绕，人远望见有蛇处，即射箭记之，至冬月蛇蛰，乃伐而取之也。"

木香

　　《本草》云："一名密香，从外国舶上来。叶似薯蓣而根大，花紫色，功效极多，味辛温，无毒，主辟瘟疫，疗气劣、气不足，消毒，杀虫毒。"今以如鸡骨坚实，啮之粘牙者为上。又有马兜铃根，名曰青木香，非此之谓也。或云有二种，亦恐非耳。一谓之云南根。

降真香

《南州记》云："生南海诸山，大秦国亦有之。"《海药本草》云："味温平，无毒。主天行时气，宅舍怪异，并烧之有验。"《列仙传》云："烧之感引鹤降。醮星辰，烧此香妙为第一。小儿佩之能辟邪气。状如苏枋木，然之初不甚香，得诸香和之则特美。"

叶庭珪云："出三佛齐国及海南，其气劲而远，能辟邪气。泉人每岁除，家无贫富，皆爇之如燔柴。虽在处有之，皆不及三佛齐者。一名紫藤香，今有蕃降、广降之别。"

生熟速香

叶庭珪云："生速香出真腊国，熟速香所出非一，而真腊尤胜，占城次之，渤泥最下。伐树去木而取香者谓之生速香。树仆于地，木腐而香存者谓之熟速香。生速气味长，熟速气味易焦，故生者为上，熟者次之。"

暂香

叶庭珪云："暂香乃熟速之类，所产高下与熟速同，但脱者谓之熟速，而木之半存者谓之暂香，其香半生熟，商人以刀刳其木而出香，择尤美者杂于熟速而货之，故市者亦莫之辨。"

鹧鸪斑香

叶庭珪云："出海南，与真腊生速等，但气味短而薄，易烬，其厚而沉水者差久。文如鹧鸪斑，故名焉。亦谓之细冒头，至薄而沉。"

乌里香

叶庭珪云："出占城国，地名乌里。土人伐其树，札之以为香，以火焙干，令香脂见于外，以输租役。商人以刀刳其木而出其香，故品下于他香。"

生香

叶庭珪云:"生香所出非一树,小老而伐之,故香少而未多。其直虽下于乌里,然削木而存香则胜之矣。"

交趾香

叶庭珪云:"出交趾国,微黑而光,气味与占城栈香相类。然其地不通商舶,而土人多贩于广西之钦州,钦人谓之光香。"

乳香

《广志》云："即南海波斯国松树脂，紫赤色，如樱桃者名曰乳香，盖熏陆之类也。仙方多用辟邪。其性温，疗耳聋、中风、口噤、妇人血风，能发酒治风冷，止大肠泄澼，疗诸疮疖，令内消。今以通明者为胜，目曰滴乳，其次曰拣香，又次曰瓶香，然多夹杂成大块，如沥青之状。又其细者谓之香缠。"

沈存中云："乳香本名熏陆，以其下如乳头者，谓之乳头香。"

叶庭珪云："一名熏陆香，出大食国之南数千里深山穷谷中，其树大抵类松，以斤斫树，脂溢于外，结而成香，聚而为块，以象辇之至于大食。大食以舟载易他货于三佛齐，故香常聚于三佛齐。三佛齐每岁以大舶至广与泉。广、泉二舶视香之多少为殿最。而香之品十有三：其最上品者为拣香，圆大如乳头，俗所谓滴乳是也；次曰瓶乳，其色亚于拣香；又次曰瓶香，言收时量重置于瓶中，在瓶香之中又有上中下三等之别；又次曰袋香，言收时只置袋中，其品亦有三等；又次曰乳拓，盖香在舟中镕拓在地，杂以沙石者；又次黑拓，香之黑色者；又次曰水湿黑拓，盖香在舟中为水所浸渍，而气变色败者也。品杂而碎者曰斫削，簸扬为尘者曰缠末，此乳香之别也。"

温子皮云："广州蕃药多伪者。伪乳香以白胶香搅糟为之，但烧之烟散多，此伪者是也。真乳香与茯苓共嚼则成水。又云：晼山石乳香，玲珑而有蜂窝者为真，每爇之次爇沉檀之属，则香气为乳香，烟置定难散者是，否则白胶香也。"

熏陆香

《广志》云："生南海，又僻方即罗香也。"《海药本草》云："味平，温毒，清神，一名马尾香，是树皮鳞甲，采复生。"《唐本草》云："出天竺国及邯郸，似枫松脂，黄白色，天竺者多白，邯郸者夹绿色。香不甚烈。微温，主伏尸恶气，疗风水肿毒。"

安息香

《本草》云："出西戎，树形似松柏，脂黄色为块，新者亦柔韧。味辛苦无毒，主心腹恶气鬼疰。"

《后汉书·西域传》："安息国去雒阳二万五千里，比至康居。其香乃树皮胶，烧之通神明、辟众恶。"

《酉阳杂俎》云："出波斯国，其树呼为辟邪树，长三丈许，皮色黄黑，叶有四角，经冬不凋，二月有花，黄色，心微碧，不结实，刻皮出胶如饴，名安息香。"

叶庭珪云："出三佛齐国，乃树之脂也。其形色类胡桃瓤而不宜于烧，然能发众香，故多用之，以和香焉。"

温子皮云："辨真安息香，每烧之，以厚纸覆其上，香透者是，否则伪也。"

笃耨香

叶庭珪云："出真腊国，亦树之脂也，树如松杉之类。而香藏于皮，树老而自然流溢者也，色白而透明，故其香虽盛暑不融，土人既取之矣。至夏月，以火环其树而炙之，令其脂液再溢，及冬月沍寒，其凝而复取之，故其香冬凝而夏融。土人盛之以瓠瓢，至暑月则钻其瓢而周为孔，藏之水中，欲其阴凉而气通，以泄其汗，故得不融。舟人易以磁器不若于瓢也。其气清远而长，或以树皮相杂则色黑而品下矣。香之性易融，而暑月之融多渗于瓢，故断瓢而爇之，亦得其典型，今所谓葫芦瓢者是也。"

瓢香

《琐碎录》云："三佛齐国以匏瓢盛蔷薇水，至中国水尽，碎其瓢而爇之，与笃耨瓢略同。又名干葫芦片，以之蒸香最妙。"

金颜香

《西域传》云："金颜香类熏陆，其色赤紫，其烟如凝漆沸超，不甚香而有酸气，合沉檀为香，焚之极清婉。"叶庭珪云："出大食及真腊国。所谓三佛齐出者，盖自二国贩至三佛齐，三佛齐乃贩入中国焉。其香则树之脂也，色黄而气劲，善于聚众香，今之为龙涎。软者佩带者多用之，蕃之人多以和气涂身。"

詹糖香

　　《本草》云："出晋安、岑州及交广以南，树似橘，煎枝叶为之，似糖而黑，多以其皮及蠹粪杂之，难得纯正者，惟软乃佳。"

苏合香

《神农本草》云："生中台川谷。"陶隐居云："俗传是狮子粪，外国说不尔。今皆从西域来，真者难别，紫赤色，如紫檀，坚实，极芬香，重如石，烧之灰白者佳。主辟邪、疟、痫、鬼疰，去三虫。"

《西域传》云："大秦国，一名犁鞬，以在海西亦名云汉。海西国地方数千里，有四百余城，人俗有类中国，故谓之大秦国。人合香谓之香，煎其汁为苏合油，其津为苏合油香。"

　　叶庭珪云："苏合香油亦出大食国，气味类于笃耨，以浓净无滓者为上，蕃人多以之涂身。以闽中病大风者亦做之，可合软香及入药用。"

亚湿香

叶庭珪云:"出占城国,其香非自然,乃土人以十种香捣和而成,味温而重,气和而长,爇之胜于他香。"

涂肌　拂手香

叶庭珪云:"二香俱出真腊、占城国。土人以脑、麝诸香捣和而成,或以涂肌,或以拂手。其香经宿不歇。惟五羊至今用之,他国不尚焉。"

鸡舌香

《唐本草》云："出昆仑国及交广以南。树有雌雄，皮叶并似栗。其花如梅，结实似枣核者，雌树也，不入香用；无子者，雄树也。采花酿以成香。香微温，主心痛恶疮，疗风毒，去恶气。"

丁香

《山海经》云："生东海及昆仑国。二三月开花，七月方结实。"《开宝本草》注云："生广州，树高丈余，凌冬不凋。叶似栎而花圆细，色黄。子如丁，长四五分，紫色，中有粗大长寸许者，俗呼为母丁香，击之则顺理拆。味辛，主风毒，诸肿，能发诸香，及止心疼、霍乱呕吐，甚验。"

叶庭珪云："丁香，一名丁子香，以其形似丁子也。鸡舌香，丁香之大者，今所谓丁香母是也。"

《日华子》云："鸡舌香治口气，所以《三省故事》，郎官含鸡舌香，欲其奏事对答，其气芬芳，至今方书为然。出大食国。"

郁金香

《魏略》云："生大秦国，二三月花，如红蓝，四五月采之，甚香，十二叶为百草之英。"《本草拾遗》云："味苦无毒，主虫毒、鬼疰、鸦鹘等臭，除心腹间恶气，入诸香用。"《说文》云："郁金香，芳草也，十叶为贯，百二十贯采以煮之为鬯，一曰郁鬯，百草之华，远方所贡方物，合而酿之以降神也。"《物类相感志》云："出伽毗国，华而不实，但取其根而用之。"

迷迭香

《广志》云："出西域，魏文侯有赋，亦尝用。"《本草拾遗》云："味辛温无毒，主恶气。今人衣香，烧之去臭。"

木密香

《内典》云："状若槐树。"《异物志》云："其叶如椿。"《交州记》云："树似沉香。"《本草拾遗》云："味甘温无毒，主辟恶、去邪、鬼疰。生南海诸山中，种之五六年乃有香。"

蘹车香

《本草拾遗》云："味辛温，主鬼气，去臭及虫鱼蛀物。生彭城，高数尺，黄叶白花。"《尔雅》云："蘹车，芎藭。"注曰："香草也。"

必栗香

《内典》云："一名化木香，似老椿。"《海药本草》云："味辛温，无毒，主鬼疰心气痛，断一切恶气。叶落水中，鱼暴死。木可为书轴，碎白鱼，不损书。"

艾蒳香

《广志》云："出西域，似细艾。又有松树皮上绿衣，亦名艾蒳。可以合诸香，烧之能聚其烟，青白不散。"《本草拾遗》云："味温，无毒，主恶气，杀蛀虫，主腹内冷泄痢，一名石芝。"《字统》云："香草也。"《异物志》云："叶如枅棡而小，子似槟榔可食。"

兜娄香

《异物志》云："生海边国，如都梁香。"《本草》云："性微温，疗霍乱心痛，主风水肿毒恶气，止吐逆。亦合香用。茎叶如水苏。"今按：此香与今之兜娄香不同。

白茅香

《本草拾遗》云："味甘平，无毒，主恶气，令人身香，煮汁服之，主腹内冷痛。生安南，如茅根，道家以之煮汤沐浴云。"

茅香花

《唐本草》云："生剑南诸州，其茎叶黑褐色，花白，非白茅也。味苦温，无毒，主中恶反胃，止呕吐。叶苗可煮汤浴，辟邪气，令人身香。"

兜纳香

《广志》云："生骠国。"《魏略》云："出大秦国。"《本草拾遗》云："味甘温，无毒，去恶气，温中除冷。"

耕香

《南方草木状》云："耕香，茎生细叶。"《本草拾遗》云："味辛温，无毒，主臭鬼气，调中，生乌浒国。"

雀头香

《本草》云："即香附子也。所在有之，叶茎都是三棱，根若附子，周匝多毛。交州者最胜，大如枣核，近道者如杏仁。许荆襄人谓之莎草，根大。能下气除脑腹中热，合和香用之尤佳。"

芸香

《仓颉解诂》曰:"芸,蒿叶,似邪蒿,可食。"《鱼豢典略》云:"芸香,辟纸鱼蠹,故藏书台称芸台。"《物类相感志》云:"香草也。"《说文》云:"似苜蓿。"《杂礼图》云:"芸,即蒿也,香美可食,今江东人饵为生菜。"

零陵香

《南越志》云："一名燕草，又名薰草，生零陵山谷，叶如罗勒。"《山海经》云："薰草，麻叶而方茎，赤花而黑实，气如蘪芜，可以止疠，即零陵香。"《本草》云："味苦，无毒，主恶气注心、腹痛，下气，令体和诸香，或作汤丸用，得酒良。"

都梁香

《荆州记》云："都梁县有山，山上有水，其中生兰草，因名都梁香，形如藿香。"古诗："博山炉中百和香，郁金苏合及都梁。"《广志》云："都梁在淮南，亦名煎泽草也。"

白胶香

《唐本草》云:"树高大,木理细,鞭叶三角,商洛间多有。五月斫为坎,十二月收脂。"《经史类证本草》云:"枫树,所在有之,南方及关陕尤多。树似白杨,叶圆而岐,二月有花,白色乃连,着实大为鸟卵,八九月熟,曝干可烧。"《开宝本草》云:"味辛苦,无毒,主瘾疹风痒浮肿,即枫香脂也。"

芳草

　　《本草》云："即白芷也，一名茝，又名苀，又名符离，一名泽芬。生下湿地，河东州谷尤胜，近道亦有之。道家以此香浴，去尸虫。"

龙涎香

叶庭珪云："龙涎，出大食国，其龙多蟠伏于洋中之大石，卧而吐涎，涎浮水面。人见乌林上异禽翔集，众鱼游泳争嗫之，则没取焉。然龙涎本无香，其气近于臊，白者如百药煎而腻理，黑者亚之，如五灵脂而光泽，能发众香，故多用之，以和香焉。"《潜斋》云："龙涎如胶，每两与金等，舟人得之则巨富矣。"温子皮云："真龙涎，烧之，置杯水于侧，则烟入水，假者则散，尝试之有验。"

甲香

《唐本草》云：“蠡类，生云南者大如掌，青黄色，长四五寸，取壳烧灰用之。南人亦煮其肉啖。今合香多用，谓能发香，复聚香烟，倾酒密煮制方可，用法见后。”温子皮云：“正甲香本是海螺压子也，唯广南来者，其色青黄，长三寸。河中府者只阔寸余。嘉州亦有，如钱样大，于木上磨令热即投酽酒中，自然相近者是也。若合香，偶无甲香，则以鲎壳代之，其势力与甲香均，尾尤好。”

麝香

《唐本草》云："生中台川谷及雍州、益州皆有之。"陶隐居云："形类獐，常食柏叶及啖蛇。或于五月得者，往往有蛇骨。主辟邪、杀鬼精、中恶风毒，疗蛇伤。多以当门一子真香分揉作三四子，括取血膜，杂以余物。大都亦有精粗，破皮毛共在裹中者为胜。或有夏食蛇虫多，至寒者香满，入春患急痛，自以脚剔出。人有得之者，此香绝胜。带麝非但取香，亦以辟恶。其真香一子着脑间枕之，辟恶梦及尸痊鬼气。"

或传有水麝脐，其香尤美。洪氏云："唐天宝中，广中获水麝脐，香皆水也，每以针取之，香气倍于肉脐。"《倦游录》云："商汝山多群麝，所遗粪尝就一处，虽远逐食，必还走之，不敢遗迹他处，虑为人获。人反以是求得，必掩群而取之。麝绝爱其脐，每为人所逐，势急，即自投高岩，举爪裂出其香，就縶而死，犹拱四足保其脐。"李商隐诗云："逐岩麝香退。"

麝香木

叶庭珪云:"出占城国，树老而仆，埋于土而腐，外黑肉黄赤者，其气类于麝，故名焉。其品之下者，盖缘伐生树而取香，故其气恶而劲，此香实肿胧尤多，南人以为器皿，如花梨木类。"

麝香草

《述异记》云："麝香草，一名红兰香，一名金桂香，一名紫述香，出苍梧、郁林郡。"今吴中亦有，麝香草似红兰而甚香，最宜合香。

麝香檀

《琐碎录》云："一名麝檀香，盖西山桦根也，爇之类煎香。"或云衡山亦有，不及南者。

栀子香

叶庭珪云："栀子香出大食国，状如红花而浅紫，其香清越而酝藉，佛书所谓薝卜花是也。"段成式云："西域薝卜花即南花、栀子花，诸花少六出，惟栀子花六出。"苏颂云："栀子，白花，六出，甚芬香，刻房七棱至九棱者为佳。"

野悉密香

　　《潜斋》云："出佛林国，亦出波斯国，苗长七八尺，叶似梅，四时敷荣，其花五出，白色，不结实。花开时遍野皆香，与岭南詹糖相类。西域人常采其花压以为油，甚香滑。唐人以此和香。"或云蔷薇水，即此花油也。亦见《杂俎》。

蔷薇水

叶庭珪云："大食国花露也。五代时蕃将蒲诃散以十五瓶效贡，厥后罕有至者。"今则采末利花，蒸取其液以代焉。然其水多伪杂，试之当用琉璃瓶盛之，翻摇数四，其泡自上下者为真。后周显德五年，昆明国献蔷薇水十五瓶，得自西域，以之洒衣，衣敝而香不灭。

甘松香

《广志》云：“生凉州。”《本草拾遗》云：“味温，无毒，主鬼气、卒心、腹痛涨满，发生细叶，煮汤沐浴，令人身香。”

兰香

《川本草》云：“味辛平，无毒，主利水道、杀虫毒、辟不祥。一名水香，生大吴池泽。叶似兰，尖长有岐。花红白色而香，俗呼为鼠尾香。煮水浴治风。”

木犀香

《向余异苑图》云："岩桂，一名七里香，生匡庐诸山谷间。八九月开花，如枣花，香满岩谷。采花阴干以合香，甚奇。其木坚韧，可作茶品，纹如犀角，故号木犀。"

马蹄香

《本草》云："即杜蘅也，叶似葵，形如马蹄，俗呼为马蹄香，药中少用，惟道家服，令人身香。"

蘹香

《本草》云：“即茴香，叶细茎粗，高者五六尺，丛生人家庭院中。其子疗风。”

蕙香

《广志》云：“蕙草，绿叶紫花，魏武帝以为香烧之。”

蘼芜香

《本草》云:"蘼芜,一名薇芜,香草也。魏武帝以之藏衣中。"

荔枝香

《通志·草木略》云:"荔枝,亦曰离枝。始传于汉世。初出岭南,后出蜀中,今闽中所产甚盛。"《南海药谱》云:"荔枝熟,人未采则百虫不敢近,才采之,则乌鸟、蝙蝠之类无不残伤。"今以形如丁香、如盐梅者为上。取其壳合香,甚清馥。

木兰香

《类证本草》云："生零陵山谷及太山，一名林兰，一名杜兰。皮似桂而香。味苦寒，无毒，主明耳目，去臭气。"陶隐居云："今诸处皆有，树类如楠，皮甚薄而味辛香。益州者皮厚，状如厚朴而气味为胜。今东人皆以山桂皮当之，亦相类。道家用合香。"《通志·草木略》云："世言鲁般刻木兰舟在七里洲中，至今尚存。凡诗所言'木兰'即此耳。"

玄台香

一名玄参。《本草》云："味苦寒，无毒，明目，定五脏。生河南州谷及冤句。三四月采根，暴干。"陶隐居云："今出近道，处处有之，茎似人参而长大，根甚黑，亦微香。道家时用亦以合香。"《图经》云："二月生苗，叶似脂麻，又视如柳，细茎青紫。"

颤风香

今按：此香乃占城之至精好者。盖香树交枝曲干，两相戛磨，积有岁月，树之精液菁英结成。伐而取之，老节油透者亦佳，润泽颇类蜜清者最佳。熏衣可经累日香气不止。今江西道临江路清江镇以此香为香中之甲品，价常倍于他香。

伽阑木

一作伽蓝木。今按：此香本出迦阑国，亦占香之种也，或云生南海补陀岩。盖香中之至宝，其价与金等。

排香

《安南志》云：“好事者多种之，五六年便有香也。”今按：此香亦占香之大片者。又谓之寿香，盖献寿者多用之。

大食水

今按：此香即大食国蔷薇露也。本土人每早起以爪甲于花上取露一滴，置耳轮中，则口、眼、耳、鼻皆有香气，终日不散。

孩儿香

一名孩儿土，一名孩儿泥，一名乌爷土。今按：此香乃乌爷国蔷薇树下土也，本国人呼曰海，今讹传为孩儿。盖蔷薇四时开花，雨露滋沐，香滴于土。凝如菱角块者佳。今人合茶饼者，往往用之。

紫茸香

一名狨香。今按：此香亦出沉速香之中，至薄而
腻理，色正紫黑，焚之虽数十步犹闻其香，或云沉之
至精者。近时有得此香，因祷祠爇于山上，而下上数
里皆闻之。

珠子散香

滴乳香之至莹净者。

熏华香

今按：此香盖以海南降真劈作薄片，用大食蔷薇水浸透，于甑内蒸干，慢火爇之，最为清绝，樟镇所售尤佳。

榄子香

今按：此香出占城国，盖占香树为虫蛀镂，香之英华结子水心中，虫所不能蚀者，形如橄榄核，故名焉。

南方花

余向云："南方花皆可合香，如末利、阇提、佛桑、渠那香花，本出西域，佛书所载，其后传本来闽岭，至今遂盛。"又有大含笑花、素馨花。就中小含笑，香尤酷烈，其花常若菡萏之未敷者，故有含笑之名。又有麝香花，夏开，与真麝香无异。又有麝香木，亦类麝香气。此等皆畏寒，故北地莫能植也。或传吴家香用此诸花合。

温子皮云："素馨、末利摘下，花蕊香才过，即以酒喷之，复香。凡是生香蒸过为佳。"每四时，遇花之香者，皆次次蒸之，如梅花、瑞香、酴醾、密友、栀子、末利、木犀及橙橘花之类皆可蒸。他日爇之则群花之香毕备。

花熏香诀

　　用好降真香结实者截断，约一寸许，利刀劈作薄片，以豆腐浆煮之，俟水香，去水，又以水煮，至香味去尽，取出，再以末茶或叶茶煮百沸，漉出阴干，随意用诸花熏之。其法：以净瓦缶一个，先铺花一层，铺香片一层，铺花一层及香片，如此重重铺盖了，以油纸封口，饭甑上蒸，少时取起，不得解，待过数日取烧，则香气全矣。或以旧竹辟簏依上煮制，代降，采橘叶捣烂代诸花，熏之，其香清若春时晓行山径。所谓草木真天香，殆此之谓。

香草名释

《遁斋闲览》云:"《楚辞》所咏香草曰兰、曰荪、曰茝、曰药、曰蘪、曰芷、曰荃、曰蕙、曰蘪芜、曰江蓠、曰杜若、曰杜蘅、曰藕车、曰茝葀,其类不一,不能尽识其名状,释者但一切谓之香草而已。"其间一物而备数名者亦有,与今人所呼不同者。

如兰一物,传谓有国香,而诸家之说,但各以色自相非毁,莫辨其真。或以为都梁,或以为泽兰,或以兰草,今当以泽兰为正。山中又有一种叶大如麦门冬,春开花,甚香,此别名幽兰也。

荪则涧溪中所生，今人所谓石菖蒲者，然实非菖蒲。叶柔脆易折，不若兰荪之坚劲。杂小石清水植之盆中，久而郁茂可爱。

茞、药、蘺、芷虽有四名，而只是一物，今所谓白芷是也。蕙，即零陵也，一名薰。蘼芜，即芎䓖苗也，一名江蓠。杜若，即山姜也。杜蘅，今人呼为马蹄香。惟荃与藕车、茝荑终莫能识。骚人类以香草比君子耳。他日求田问舍，当求其本，列植栏槛，以为楚香亭，欲为芬芳满前，终日幽对，相见骚人之雅趣以寓意耳。

《通志·草木略》云："兰即蕙，蕙即熏，熏即零陵香。"《楚辞》云："滋兰九畹，种蕙百亩"，互言也。古方谓之薰草，故《名医别录》出薰草条；近方谓之零陵香，故《开宝本草》出零陵香条。《神农本经》谓之兰。余昔修本草，以二条贯于兰后，明一物也。且兰旧名煎泽草，妇人和油泽头，故以名焉。

　　《南越志》云："零陵香，一名燕草，又名薰草，即香草，生零陵山谷。今潮岭诸州皆有。"又《别录》云："薰草，一名蕙草，明薰蕙之兰也。以其质香，故可以为膏泽，可以涂宫室。"

近世一种草，如茅叶而嫩，其根谓之土续断，其花馥郁，故得兰名，误为人所赋咏。

泽芬曰白芷、曰白蓝、曰蓠、曰茝、曰荷蒚，楚人谓之药。其叶谓之蒿，与兰同德，俱生下湿。泽兰曰虎兰、曰龙枣、曰虎蒲、曰兰香、曰都梁香，如兰而茎方，叶不润，生于水中，名曰水香。茈胡曰地熏、曰山菜、曰茹草叶、曰芸蒿，味辛，可食，生银夏者芬馨之气射于云间，多白鹤青鹤翱翔其上。

《琐碎录》云："古人藏书辟蠹用芸。"芸，香草也，今七里香是也，南人采置席下，能辟虱。香草之类大率异名。所谓兰荪，即菖蒲也；蕙，今零陵香也；茝，今白芷也。朱文公《离骚》注云："兰蕙二物，《本草》言之甚详。大抵古之所谓香草，必其花叶皆香而燥湿不变，故可刈而为佩。今之所谓兰蕙，则其花虽香而叶乃无气，其香虽美而质弱易萎，非可刈佩也。"

香异

都夷香

《洞冥记》云："香如枣核，食一颗，历月不饥。或投水中，俄满大盂也。"

荼芜香

王子年《拾遗记》云："燕昭王时，广延国进二舞人，王以荼芜香屑铺地四五寸，使舞人立其上，弥日无迹。香出波弋国，浸地则土石皆香，着朽木腐草，莫不茂蔚，以薰枯骨，则肌肉皆香。"又见《独异志》。

辟寒香

辟寒香、辟邪香、瑞麟香、金凤香，皆异国所献。《杜阳杂编》云："自两汉至皇唐，皇后、公主乘七宝辇，四面缀五色玉香囊，中贮上四香，每一出游，则芬馥满道。"

月支香

　　《瑞应图》云："天汉二年，月支国进神香。武帝取视之，状若燕卵，凡三枚，似枣。帝不烧，付外库。后长安中大疫，宫人得疾，众使者请烧香一枚以辟疫气，帝然之，宫中病者差。长安百里内闻其香，积数月不歇。"

振灵香

《十洲记》云:"生西海中聚窟洲,大如枫,而叶香闻数百里,名曰返魂树。伐其根,于玉釜中,取汁如饴,名曰惊精香,又曰振灵香,又曰返生香,又曰马积香,又曰郄死香,一种五名,灵物也。死者未满三日,闻香气即活。延和中,月氏遣使贡香四两,大如雀卵,黑如椹。"

神精香

　　《洞冥记》云："波岐国献。神精香，一名筌蘼草，一名春芜草，一根百条，其枝间如竹节柔软，其皮如丝，可以为布，所谓春芜布，亦曰香筌布，又曰如冰纨，握之一片，满身皆香。"

兜末香

《本草拾遗》云："烧之，去恶气，除病疫。"《汉武故事》云："西王母降，上烧是香。兜渠国所献，如大豆。涂宫门，香闻百里。关中大疫，死者相枕藉，烧此香，疫即止。"《内传》云："死者皆起。"此则灵香，非中国所致。

沉榆香

《封禅记》云："黄帝列珪玉于兰蒲席上，然沉榆香，舂杂宝为屑，以沉榆胶和之若泥，以分尊卑华夷之位。"

沉光香

《洞冥记》云:"涂魂国贡,暗中烧之有光,而坚实难碎,太医院以铁杵春如粉而烧之。"

威香

孙氏《瑞应图》云:"瑞草,一名威蕤,王者礼备则生于殿前。"又云:"王者爱人命则生。"

返魂香

　　洪氏云："司天主簿徐肇，遇苏氏子德哥者。自言善合返魂香，手持香炉，怀中取如白檀末撮于炉中，烟气袅袅直上，甚于龙脑。德哥微吟曰：'东海徐肇欲见先灵，愿此香烟用为导引，尽见其父母曾高。'德哥云：'但死八十年已前则不可返矣。'"

茵墀香

《拾遗记》云："灵帝熹平三年西域所献，煮为汤，辟疠。宫人以之沐浴，余汁入渠，名曰流香之渠。"

五香

《三洞珠囊》云："五香树，一株五根，一茎五枝，一枝五叶，一叶开五节，五五相对，故先贤名之。五香之末烧之十日，上彻九皇之天，即青目香也。"《杂修养方》云："五月一日取五木煮汤浴，令人至老鬓发黑。"徐锴注云："道家以青木为五香，亦名五木。"

石叶香

《拾遗记》云："此香迭迭如云母，其气辟疬。魏
文帝时题腹国所献。"

祇精香

《洞冥记》云："祇精香，出涂魂国，烧此香魑魅
精祇皆畏避。"

雄麝香

《西京杂记》云:"赵昭仪上姊飞燕三十五物,有青木香、沉木香、九真雄麝香。"

蘅芜香

《拾遗记》云:"汉武帝梦李夫人授以蘅芜之香,帝梦中惊起,香气犹着衣枕,历月不歇。"

文石香

洪氏云:"卞山在潮州,山下产无价香,有老姥拾得一文石,光彩可玩,偶坠火中,异香闻于远近,收而宝之,每投火中异香如初。"

百和香

《汉武内传》云:"帝于七月七日设坐殿上,烧百和香,张燭锦幛,西王母乘紫云车而至。"

金碑香

《洞冥记》云："金日碑既入侍，欲衣服香洁，变膻酪之气，乃合一香以自熏，武帝亦悦之。"

百濯香

《拾遗记》云："孙亮为宠姬四人合四气香，皆殊方，异国所献，凡经践蹑安息之处，香气在衣，虽濯浣，弥年不散，因名百濯香。复因其室曰思香媚寝。"

芸辉香

《杜阳杂编》："元载造芸辉堂。芸辉者，香草也，出于阗国，其白如玉，入土不朽，为屑以涂壁。"

凤脑香

《杜阳杂编》云："穆宗尝于藏真岛前焚之，以崇礼敬。"

一木五香

《酉阳杂俎》云:"海南有木,根梅檀、节沉香、花鸡舌、叶藿香、花胶熏陆,亦名众木香。"

升霄灵香

《杜阳杂编》云:"同昌公主薨,上哀痛,常令赐紫尼及女道士焚升霄灵香,击归天紫金之磬,以导灵升。"

区拨香

《通典》云:"顿游国出藿香，香插枝便生，叶如都梁，以裛衣。国有区拨等花，冬夏不衰，其花蕊更芬馥，亦末为粉，以傅其身焉。"

兜娄婆香

《楞严经》云:"坛前别安一小炉，以此香煎，取香汁浴，其炭然，令猛炽。"

法华诸香

《法华经》云："须曼那华香、阇提华香、末利华香、青赤白莲华香、华树香、果树香、旃檀香、沉水香、多摩罗跋香、多伽罗香、象香、马香、男香、女香、拘鞞陀罗树香、曼陀罗华香、朱沙华香、曼殊妙华香。"

牛头旃檀香

《华严经》云："从离垢出，以之涂身，火不能烧。"

怀梦草

《洞冥记》云："钟火山有香草。武帝思李夫人，东方朔献之，帝怀之梦见，因名曰怀梦草。"

一国香

《诸蕃记》："赤土国在海南，出异香，每一烧一丸，闻数百里，号一国香。"

羯布罗香

《西域记》云:"其树松身异华,花果亦别,初揉既湿,尚未有香,木干之后,循理而折之,其中有香,状如云母,色如冰雪,亦名龙脑香。"

玉蕤香

《好事集》云:"柳子厚每得韩退之所寄诗文,必盥手熏以玉蕤香,然后读之。"

修制诸香

飞樟脑

樟脑一两，两盏合之，以湿纸糊缝，文武火熁半时，取起，候冷用之。《沈谱》。

樟脑不以多少，研细，用筛过，细壁土拌匀，掭薄荷汁少许，洒在土上，以净碗相合，定湿纸条固四缝，甑上蒸之，脑子尽飞上碗底，皆成冰片。是斋售用。

樟脑、石灰等分，同研极细，末用无油铫子贮之，瓷碗盖定四面，以纸固济如法，勿令透气，底下用木炭火煅，少时取开，其脑子已飞在碗盖上，用鸡翎扫下，再与石灰等分，如前煅之，凡六七次，至第七次可用慢火煅，一日而止，取下扫脑子，与杉木盒子铺在内，以乳汁浸两宿，固济口不令透气，掘地四五尺，窨一月，不可入药。同上。

韶脑一两、滑石二两，一处同研，入新铫子内，文武火炒之，上用一磁器盖之，自然飞在盖上，其味夺真。

笃耨

　　笃耨，黑白相杂者，用盏底盛上，饭甑蒸之，白浮于面，黑沉于下。《琐碎录》。

乳香

乳香，寻常用指甲、灯草、糯米之类同研，及水浸钵，研之皆费力，惟纸裹置壁隙中良久，取研即粉碎。

又法，于乳钵下，着水轻研，自然成末，或于火上，纸裹略烘。《琐碎录》。

麝香

研麝香，须着少水，自然细，不必罗也，入香不宜用多，及供佛神者去之。

龙脑

龙脑，须别器研细，不可多用，多则撩夺众香。《沈谱》。

檀香

须拣真者，剉如米粒许，慢火炒，令烟出紫色，断腥气即止。

每紫檀一斤，薄作片子，好酒二升，以慢火煮干，略炒。

檀香劈作小片，腊茶清浸一宿，焙干。以蜜酒同拌，令匀，再浸一宿，慢火炙干。

檀香，细剉，水一升，白蜜半升，同于锅内煎五、七十沸，焙干。

檀香斫作薄片子，入蜜拌之，净器炉如干，旋旋入蜜，不住手搅动，勿令炒焦，以黑褐色为度。以上并《沈氏香谱》。

沉香

沉香细剉，以绢袋盛，悬于铫子当中，勿令着底。蜜水浸，慢煮一日，水尽更添。今多生用。

藿香

藿香、甘松、零陵之类，须拣去枝梗杂草，曝令干燥，揉碎，扬去尘，不可用水洗烫，损香味也。

茅香

须拣好者剉碎，以酒蜜水润一夜，炒令黄燥为度。

甲香

甲香，如龙耳者好，自余小者次也。取一二两以来，用炭汁一碗煮尽，后用泥煮，方同好酒一盏煮尽，入蜜半匙，炉如黄色。

黄泥水煮令透明，逐片净洗，焙干，灰炭煮两日，净洗，以蜜汤煮干。

甲香，以泔浸二宿后煮煎至赤珠频沸，令尽，泔清为度。入好酒一盏同煮，良久取出，用火炮，色赤。

更以好酒一盏，取出候干，刷去泥，更入浆一碗，煮干为度。入好酒一盏，煮干，于银器内炒令黄色。

甲香以灰煮去膜，好酒煮干甲香，磨去龃龉，以胡麻膏熬之，色正黄则用蜜汤洗净，入香宜少用。

炼蜜

　　白沙蜜若干，绵滤入磁罐，油纸重迭，密封罐口，大釜内重汤煮一日，取出，就罐于火上煨煎数沸，便出尽水气，则经年不变。若每斤加苏合油二两更妙，或少入朴硝除去蜜气，尤佳。凡炼蜜不可大过，过则浓厚，和香多不匀。

煅炭

凡合香，用炭不拘黑白，重煅作火，罨于密器，冷定，一则去炭中生薪，一则去炭中杂秽之气。炒香宜慢火，如火紧则焦气。《沈谱》。

合香

合香之法贵于使众香咸为一体。麝滋而散，挠之使匀；沉实而腴，碎之使和；檀坚而燥，揉之使腻。比其性、等其物而高下，如医者则药，使气味各不相掩。

捣香

香不用罗量其精粗，捣之使匀大。细则烟不永，太粗则气不和。若水麝、婆律须别器研之。以上《香史》。

收香

水麝忌暑，婆律忌湿，尤宜护持，香虽多，须置之一器，贵时得开阖，可以诊视。

窨香

香非一体，湿者易和，燥者难调，轻软者燃速，重实者化迟，以火炼结之，则走泄其气。故必用净器，拭极干，贮窨密，掘地藏之，则香性粗入，不复离解。新和香必须窨，贵其燥湿得宜也。每约香多少，贮以不津瓷器，蜡纸封，于静室屋中掘地，窨深三五寸，月余逐旋取出，其尤馦馤也。《沈谱》。

焚香

　　焚香必于深房曲室，矮桌置炉，与人膝平，火上设银叶或云母，制如盘形，以之衬香，香不及火，自然舒慢无烟燥气。《香史》。

熏香

　　凡欲熏衣，置热汤于笼下，衣覆其上，使之沾润，取去，别以炉爇香，熏毕，迭衣入箧笥隔宿，衣之余香数日不歇。

卷

二

五香夜刻

冗壶为漏，浮木为箭，自有熊氏以来尚矣，三代两汉迄今遵用，虽制有工拙而无以易此。国初得唐朝水秤，作用精巧，与杜牧宣润秤漏颇相符合，其后燕肃龙图守梓州作莲花漏。

熙宁癸丑岁大旱，夏秋泉冬愆，南井泉枯竭，民用艰险。时待次梅溪，始作百刻香印以准昏晓，又增置五夜香刻。

百刻篆图

百刻香若以常香则无准，今用野苏、松球二味，相和令匀，贮于新陶器内，旋用。野苏，即荏叶也，中秋前采，曝干为末，每料十两。松球，即枯松花也，秋末拣其自坠者，曝干，剉去心，为末，每用八两。昔尝撰香谱序百刻香印未详。广德吴正仲，制其篆刻并香法见贶，较之颇精，审非雅才妙思孰能至是，因刻于石，传诸好事者。熙宁甲寅岁仲春二日，右谏议大夫知宣城郡，沈立题。

定州公库印香

　　笺香一两、檀香一两、零陵香一两、藿香一两、甘松一两、茅香半两、大黄半两，杵罗为末，用如常法。凡作印篆，须以杏仁末少许拌香，则不起尘，及易出脱，后皆仿此。

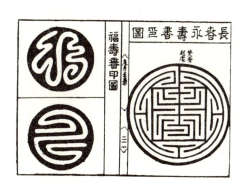

和州公库印香

沉香十两、细剉。檀香八两、细剉如棋子。零陵香四两、生结香八两、藿香叶四两、焙。甘松四两、去土。草茅香四两、香附子二两、去黑皮，色红。麻黄二两、去根细剉。甘草二两、粗者细剉。麝香七钱、焰硝半两、乳香二两、头高秤。龙脑七钱。生者尤妙。以上除脑麝乳硝四味别研外，余十味皆焙干，捣细末，盒子盛之，外以纸包裹，仍常置暖处，旋取烧用，切不可泄气，阴湿此香。于帏帐中烧之悠扬，作篆熏之亦妙。

资善堂印香

栈香三两、黄熟香一两、零陵香一两、藿香叶一两、沉香一两、檀香一两、白茅花香一两、丁香半两、甲香三分、制过。龙脑三钱、麝香三钱，罗细末，用新瓦罐子盛之。昔张全真参故传张德远丞相甚爱此香，每一日一盘，篆烟不息。

丁公美香篆《沈谱》

乳香半两、水蛭三钱、壬癸虫、即蝌蚪也。郁金一钱、定风草半两、即天麻苗。龙脑少许，除龙脑、乳香别研外，余皆为末，然后一处匀和，滴水为丸如桐子大。每用先以清水湿过手，焚香烟起时，以湿手按之。任从巧意，手常要湿。歌曰："乳蛭任风龙郁煎，手炉爇处发祥烟。竹轩清下寂无事，可爱翛然迎昼眠。"

汉建宁宫中香

黄熟香四斤、白附子二斤、丁香皮五两、藿香叶四两、零陵香四两、檀香四两、白芷四两、茅香二斤、茴香二斤、甘松半斤、乳香一两、别器研。生结香四两、枣子半斤、焙干。一方入苏合油一钱，为细末，炼蜜和匀，窨月余，作丸，或爇之。

唐开元宫中方

沉香二两、细剉，以绢袋盛悬于铫子当中，勿令着底，蜜水浸，慢火煮一日。檀香二两、茶清浸一宿，炒，候干，令无檀香气味。麝香二钱、龙脑二钱、别器研。甲香一钱、法制。马牙硝一钱，为细末，炼蜜和匀，窨月余，取出，旋入脑麝，丸之，或作花子，爇如常法。

江南李主帐中香

沉香一两、剉细如炷大。苏合香，以不津瓷器盛。以香投油，封浸百日，蒸之。入蔷薇水更佳。

赵清献公香

白檀香四两、研剉。乳香缠末半两、研细。玄参六两，温汤洗净，慢火煮软，薄切作片，焙干。碾取细末，以熟蜜拌匀，入新瓷罐内，封窨十日，蒸如常法。

后蜀孟主衙香

沉香三两、栈香一两、檀香一两、乳香一两、甲香一两、法制。龙脑半钱、别研，香成旋入。麝香一钱，别研，香成旋入。除龙麝外，用秆末，入炭皮末、朴硝各一钱，生蜜拌匀，入瓷盒，重汤煮十数，沸取出，窖七日，作饼，爇之。

苏内翰贫衙香

白檀香四两、斫作薄片，以蜜拌之，净器内炒如干，旋入蜜，不住手搅，以黑褐色止，勿令焦。乳香五粒、生绢裹之，用好酒一盏同煮，候酒干至五七分取出。麝香一字、玄参一钱，先将檀香杵粗末，次将麝香细研，入檀香，又入麸炭细末一两，借色与玄乳同研，合和令匀，炼蜜作剂，入瓷器罐，密封埋地一月。

延安郡公蕊香

玄参半斤、净洗去尘土，于银器中，以水煮令熟，挖出干切，入铫中，慢火炒令微烟出。甘松四两、细剉，拣去杂草尘土。白檀香二钱、剉。麝香二钱、颗者，俟别药成末，方入研。乳香二钱，细研，同麝香入。并用新好者杵罗为末，炼蜜和匀，丸如鸡豆大，每药末一两入熟蜜一两，末丸前再入臼杵百余下，油纸蜜封，贮瓷器，旋取烧之作花气。

宣和贵妃黄氏金香

占腊沉香八两、檀香二两、牙硝半两、甲香半两、制过。金颜香半两、丁香半两、麝香一两、片白脑子四两，为细末，炼蜜先和前香，后入脑麝，为丸大小任意，以金箔为衣，爇如常法。

僧惠深温香

地榆一斤、玄参一斤、米泔浸二宿。甘松半斤、白茅香一两、白芷一两，蜜四两，河水一碗同煎，水尽为度，切片焙干。为细末，入麝香一分，炼蜜和剂，地窖一月，旋丸爇之。

卷

三

凝和诸香

韩魏公浓梅香又名返魂梅

黑角沉半两、丁香一分、郁金半分、小麦麸炒令赤色。腊茶末一钱、麝香一字、定粉一米粒、即韶粉是。白蜜一盏，各为末，麝先细研，取腊茶之半汤点澄清调麝，次入沉香，次入丁香，次入郁金，次入余茶及定粉，共研细，乃入蜜，使稀稠得宜，收沙瓶器中，窨月余，取烧，久则益佳，烧时以云母石或银叶衬之。

洪驹父荔支香

荔支壳、不拘多少。麝香一个，以酒同浸二宿，封盖饭上蒸之以为度，臼中燥之捣末，每十两重加入真麝香一字，蜜和作丸，爇如常法。

涂傅诸香

傅身香粉

荚粉、别研。青木香、麻黄根、附子、炮。甘松、藿香、零陵香各等分，除荚粉外，同捣罗为细末，以生绢夹带盛之，浴罢傅身上。

梅真香

零陵叶、甘松、白檀、丁香、白梅末各半两，脑麝少许，为细末，糁衣、傅身皆可用之。

香发木犀油

　　凌晨摘木犀花半开者，拣去茎蒂，令净，高量一斗，取清麻油一斤，轻手拌匀，捺瓷器中，厚以油纸密封罐口，坐于釜内，以重汤煮一饷久，取出安顿稳燥处，十日后倾出，以手沘其清液，收之，最要封闭最密，久而愈香。如此油匀入黄蜡，为面脂，馨香也。

香饼

凡烧香用饼子，须先烧令通赤，置香炉内，俟有黄衣生，方徐徐以灰覆之，仍手试火气紧慢。

长生香饼。黄丹四两，干蜀葵花、烧灰。干茄根各二两，烧灰。枣半斤，去核。为细末，以枣肉研作膏，同和匀，捻作饼子窨晒干，置炉而火耐久不熄。

丁晋公文房七宝香饼。青州枣一斤，和核用。木炭二升，末。黄丹半两，铁屑二两，造针处有。定粉、细墨各一两，丁香二十粒，同捣为膏，如干时再加枣，以模子脱作饼如钱许，每一饼可经昼夜。

香煤

　　近来焚香取火非灶下，即蹈炉中者，以之供神佛、格祖先。其不洁多矣，故用煤以扶接火饼。

香灰

　　细叶杉木枝烧灰，用火一二块养之，经宿，罗过装炉。

　　每秋间采松，须曝干，烧灰，用养香饼。

　　未化石灰，槌碎，罗过，锅内炒，令候冷，又研又罗，为之作香炉灰，洁白可爱，日夜常以火一块养之，仍须用盖，若尘埃则黑矣。

矿灰六分、炉灰四钱和匀，大火养灰蘸性。

香蒲烧灰，炉装，如雪。

纸灰、石灰、木灰各等分，以米汤和同煅过，勿令偏头。

青朱红黑煤、土黄各等分，杂于纸中装炉，名锦灰。

纸灰炒通红，罗过，或稻穗烧灰，皆可用。

干松花烧灰装香炉最洁。

茄灰亦可藏火，火久不熄。

蜀葵枯时烧灰装炉，大能养火。

香品器

香炉

香炉不拘银、铜、铁、锡、石，各取其便，用其形，或作狻猊、獬豸、凫鸭之类。随其人之意作。顶贵穹窿，可泄火气，置窍不用太多，使香气回薄则能耐久。

香盛

盛即盒也，其所用之物与炉等，以不生涩、枯燥者皆可，仍不用生铜，铜易腥渍。

香盘

用深中者，以沸汤泻中，令其气蓊郁，然后置炉其上，使香易着物。

香匙

平灰、置火则必用圆者，分香、抄末则必用锐者。

香箸

和香、取香总宜用箸。

香壶

或范金、或埏为之，用盛匕箸。

香罂

窨香用之，深中而掩上。

卷
四

香药

丁沉煎圆

丁香二两半，沉香四钱，木香一钱，白豆蔻二两，檀香二两，甘草四两，为细末，以甘草熬膏，和匀，为圆如鸡头大，每用一丸，嚼化，常服，调顺三焦，和养营卫，治心胸痞满。

木香饼子

　　木香、檀香、丁香、甘草、肉桂、甘松、缩砂、丁皮、莪术各等分，莪术醋煮过，用盐水浸出醋，浆米浸三日，为末，蜜和，同甘草膏为饼，每服三五枚。

香茶

经进龙麝香茶

白豆蔻一两，去皮。白檀末七钱，百药煎五钱，寒水石五分，薄荷汁制。麝香四钱，沉香三钱，梨汁制。片脑二钱半，甘草末三钱，上等高茶一斤，右为极细末，用净糯米半升煮粥，以密布绞取汁，置净碗内放冷，和剂不可稀软，以硬为度，于石版上杵一二时辰，小油二两，煎沸，入白檀香三五片，脱印时以小竹刀刮背上令平。

事类

香尉

汉仲雍子进南海香，拜洛阳尉，人谓之香尉。

香户

南海郡有采香户。海南俗以贸香为业。

香市

南方有香市，乃商人交易香处。

香洲

朱崖郡洲中出诸异香，往往有不知名者。

香童

唐元宝好宾客，务于华侈，器玩服用，僭于王公，而四方之士尽仰归焉。常于寝帐床前，刻镂童子人，捧七宝博山香炉，日暝焚香彻曙，其骄贵如此。

栈槎

番禺民，忽于海旁得古槎，长丈余，阔六七尺，木理甚坚，取为溪桥。数年后，有僧过而识之，谓众曰："此非久计，愿舍衣钵资易为石桥，即求此槎为薪。"众许之，得栈香数千两。

沉香亭

开元中，禁中初重木芍药，即今牡丹也，得四本，红、紫、浅红、通白者，上因移植于兴庆池东，沉香亭前。敬宗时，波斯国进沉香亭子，拾遗李汉谏曰："沉香为亭，何异琼台瑶室。"

香阁

后主起临春、结绮、望春三阁，以沉檀香木为之。《陈书》。杨国忠尝用沉香为阁，檀香为栏槛，以麝香、乳香筛土和为泥饰阁壁。每于春时，木芍药盛开之际，聚宾于此阁上赏花焉，禁中沉香亭远不侔此壮丽也。《天宝遗事》。

兰亭

暮春之初会于会稽山阴之兰亭。

兰室

《黄帝传》:"岐伯之术书于玉版,藏诸灵兰之室。"

兰台

楚襄王游于兰台之宫。龙朔中，改秘书省曰兰台。

啖香

唐元载宠姬薛瑶英母赵娟，幼以香啖英，故肌肉悉香。

分香

魏王操临终《遗令》曰:"余香可分与诸夫人,诸舍中无所为,学作履组卖也。"

熏香

庄公束缚管仲,以予齐使,而以退,比至三衅三浴之。

三班吃香

三班院所领使臣八千余人，莅事于外，其罢而在院者，常数百人。每岁乾元节，醵钱饭僧进香，合以祝圣寿，谓之香钱。京师语曰：三班吃香。

传　序

天香传

香之为用从上古矣，所以奉神明，所以达蠲洁。三代禋享，首惟馨之荐，而沉水、熏陆无闻焉。百家传记萃众芳之美，而萧芗郁鬯不尊焉。《礼》云："至敬不享味贵气臭也。"是知其用至重，采制粗略，其名实繁而品类丛脞矣。观乎上古帝皇之书，释道经典之说，则记录绵远，赞颂严重，色目至众，法度殊绝。

西方圣人曰："大小世界，上下内外，种种诸香。"又曰："千万种和香，若香、若丸、若末、若涂，以至华香、果香、树香、天和合之香。"又曰："天上诸天之香，又佛土国名众香，其香比于十方人天之香，最为第一。"

仙书云："上圣焚百宝香，天真皇人焚千和香，黄帝以沉榆、莫荚为香。"又曰："真仙所焚之香，皆闻百里，有积烟成云，积云成雨，然则与人间所共贵者，沉水、熏陆也。"故《经》云："沉水坚株。"又曰："沉水香，圣降之夕，神导从有捧炉香者，烟高丈余，其色正红，得非天上诸天之香耶？"

《三皇宝斋》香珠法，其法杂而末之，色色至细，然后丛聚杵之三万，缄以良器，载蒸载和，豆分而丸之，珠贯而暴之，旦日此香焚之，上彻诸天。盖以沉水为宗，熏陆副之也。是知古圣钦崇之至厚，所以备物宝妙之无极，谓奕世寅奉香火之笃，鲜有废日，然萧茅之类，随其所备，不足观也。

祥符初，奉诏充天书扶持使，道场科醮无虚日，永昼达夕，宝香不绝，乘舆肃谒则五上为礼。真宗每至玉皇真圣祖位前，皆五上香也。馥烈之异，非世所闻，大约以沉水、乳香为末，龙香和剂之，此法累禀之圣祖，中禁少知者，况外司耶？八年掌国计，而两镇旄钺，四领枢轴，俸给颁赉，随日而隆，故苾芬之着，特与昔异。袭庆奉祀日，赐内供乳香一百二十斤。入内副都知张准能为使。在宫观密赐新香，动以百数，沉、乳、降真等香。由是私门之沉乳足用。

有唐杂记言，明皇时，异人云："醮席中，每焚乳香，灵祇皆去。"人至于今惑之。真宗时，亲禀圣训："沉、乳二香，所以奉高天上圣，百灵不敢当也，无他言。"上圣即政之六月，授诏罢相，分务西洛，寻遣海南。忧患之中，一无尘虑，越惟永昼晴天，长霄垂象，炉香之趣，益增其勤。

素闻海南出香至多，始命市之于闾里间，十无一有假。版官裴鹗者，唐宰相晋公中令公之裔孙也。土地所宜，悉究本末，且曰："琼管之地，黎母山奠之，四部境域，皆枕山麓，香多出此山，甲于天下。然取之有时，售之有主，盖黎人皆力耕治业，不以采香专利。闽越海贾，惟以余杭船即市香。每岁冬季，黎峒俟此船至，方入山寻采。州人徙而贾，贩尽归船商，故非时不有也。"

香之类有四，曰沉、曰栈、曰生结、曰黄熟。其为状也十有二，沉香得其八焉。曰乌文格，土人以木之格，其沉香如乌文木之色而泽，更取其坚格，是美之至也。曰黄蜡，其表如蜡，少刮削之，黳紫相半，乌文格之次也。曰牛目，与角及蹄。曰雉头、泊髀、若骨，此沉香之状。土人别曰牛眼、牛角、牛蹄、鸡头、鸡腿、鸡骨。曰昆仑梅格，栈香也，此梅树也，黄黑相半而稍坚，土人以此比栈香也。

曰虫镂，凡曰虫镂，其香尤佳，盖香兼黄熟，虫蛀蛇攻，腐朽尽去，菁英独存者也。曰伞竹格，黄熟香也，如竹色，黄白而带黑，有似栈也。曰茅叶，如茅叶，至轻，有入水而沉者，得沉香之余气也，燃之至佳，土人以其非坚实，抑之黄熟也。曰鹧鸪斑，色驳杂如鹧鸪羽也，生结香也，栈香未成沉者有之，黄熟未成栈者有之。

凡四名十二状，皆出一本，树体如白杨，叶如冬青而小，肤表也，标末也。质轻而散，理疏以粗，曰黄熟。黄熟之中，黑色坚劲者，曰栈香。栈香之名相传甚远，即未知其旨，惟沉香为状也，肉骨颖脱，芒角锐利，无大小、无厚薄，掌握之有金玉之重，切磋之有犀角之劲，纵分断琐碎而气脉滋益。鹗云："香不欲绝大，围尺已上虑有水病，若斤已上者，合两已下者，中浮水即不沉矣。"

又曰："或有附于枯柈，隐于曲枝，蛰藏深根，或抱贞木本，或挺然结实，混然成形。嵌若岩石，屹若归云，如矫首龙，如峨冠凤，如麟植趾，如鸿铩翮，如曲肱，如骈指。但文理密致，光彩明莹，斤斧之迹，一无所及，置器以验，如石投水，此香宝也，千百一而已矣。夫如是，自非一气粹和之凝结，百神祥异之含育，则何以群木之中，独禀灵气，首出庶物，得奉高天也？"

占城所产栈沉至多，彼方贸迁，或入番禺，或入大食。大食贵重栈沉香，与黄金同价。乡耆云："比岁有大食番舶，为飓风所逆，寓此属邑，首领以富有自大，肆筵设席，极其夸诧。"州人私相顾曰："以赀较胜，诚不敌矣，然视其炉烟蓊郁不举、干而轻、瘠而燋，非妙也。"遂以海北岸者，即席而焚之，高烟杳杳，若引束缰，浓腴浥浥，如练凝漆，芳馨之气，持久益佳。大舶之徒，由是披靡。

生结者，取不俟其成，非自然者也。生结沉香，品与栈香等。生结栈香，品与黄熟等。生结黄熟，品之下也，色泽浮虚，而肌质散缓，燃之辛烈，少和气，久则溃败，速用之即佳。若栈沉成香则永无朽腐矣。

雷、化、高、窦，亦中国出香之地，比海南者，优劣不侔甚矣。既所禀不同，而售者多，故取者速也。是黄熟不待其成栈，栈不待其成沉，盖取利者，戕贼之深也。非如琼管，皆深峒黎人，非时不妄剪伐，故树无夭折之患，得必皆异香。曰熟香、曰脱落香，皆是自然成香。余杭市香之家，有万斤黄熟者，得真栈百斤则为稀矣；百斤真栈，得上等沉香十数斤，亦为难矣。

熏陆、乳香之长大而明莹者，出大食国。彼国香树连山络野，如桃胶松脂，委于石地，聚而敛之，若京坻香山，多石而少雨，载询番舶，则云："昨过乳香山下，彼人云：'此山不雨已三十年。'"香中带石末者，非滥伪也，地无土也。然则此树若生泥涂则香不得为香矣，天地植物其有旨乎？赞曰："百昌之首，备物之先，于以相禋，于以告虔，孰歆至德？孰享芳烟？上圣之圣，高天之天！"

和香序

麝本多忌，过分必害；沉实易和，盈斤无伤。零薷燥虚，詹糖粘湿，甘松、苏合、安息、郁金、捺多和罗之属，并被珍于外，固无取于中土。又枣膏昏蒙，甲戬浅俗，非惟无助于馨烈，乃当弥增于尤疾也。

此序所言，悉以比类朝士。麝木多忌比庾懔之，枣膏昏蒙比羊玄保，甲戬浅俗比徐湛之，甘松苏合比惠休道人，沉实易和盖自比也。